CARTES POSTALES DE L'ESPACE

L'histoire de Chris Hadfield

CARTES POSTALES DE L'ESPACE

L'histoire de Chris Hadfield

Une histoire d'Heather Down
Crédit photos: NASA
Crédit cartes postales: NASA (photos prises par le Col. Chris Hadfield)

echo
BOOKS

une marque de
Wintertickle PRESS

ISBN 978-1-894813-69-3

Publié par Echo Books, une marque de Wintertickle Press
92, Caplan Avenue, bur. 155
Barrie (ON), Canada L4N 0Z7

echo
BOOKS

winterticklepress.com
facebook.com/winterticklepress

REMARQUE: Wintertickle Press est une maison d'édition indépendante et n'est d'aucune façon associée à la NASA ou supportée par la NASA ou Chris Hadfield. Toutes les photos dans ce livre proviennent de la NASA, qu'elles soient spécifiées comme telles ou non. Pour plus d'informations sur les photographies provenant de la NASA, veuillez visiter www.nasa.gov.

Toutes les photos « cartes postales » dans ce livre furent prises par le commandant Chris Hadfield lors de la mission Expédition 34/35 vers la Station spatiale internationale.

Pour Logan et Brynleigh.

Puisse le ciel être votre limite.

Certaines personnes disent que le colonel Chris Hadfield est le plus sympa des astronautes. Il a marché dans l'espace. Il a commandé la Station spatiale internationale et a écrit des cartes postales de l'espace—euh! Pas vraiment, car c'est fou! Avez-vous déjà vu un bureau de poste sur la Station spatiale internationale? Je ne pense pas.

Le commandant Hadfield a fait le deuxième meilleur choix dans les circonstances cependant. Il a partagé l'expérience de son voyage avec les médias sociaux. Il a envoyé des notes, des photos, des images vidéo et des chansons partout dans le monde pour que chacun puisse se sentir astronaute aussi.

Neil Armstrong
Crédit Photo: NASA

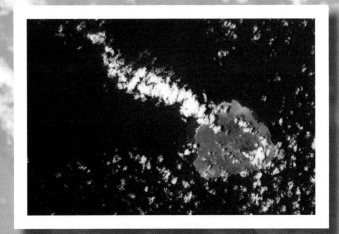

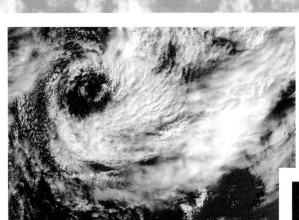

Chris ne fut pas toujours un astronaute. Il est né à Sarnia et déménagea par la suite à Milton, en Ontario. Chris vécut sur une ferme et apprit le travail à la dure. Lorsque Chris n'avait que neuf ans, il regarda l'alunissage d'Apollo à la télévision. Il a vu Neil Armstrong marcher sur la lune et Chris a pensé « J'aimerais être un astronaute un jour. »

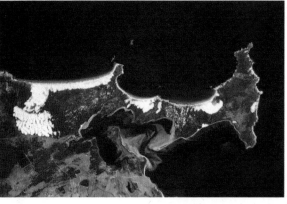

Chris savait que devenir un astronaute n'allait pas être facile. Il aurait à travailler dur. Cela ne l'a pas effrayé, non plus que découragé. Il a appris à piloter des planeurs et des avions. Par la suite, il est devenu pilote d'essai. Même si Chris voulait devenir astronaute, il a pris le temps de faire certaines choses qu'il aimait aussi—comme jouer de la guitare, chanter, skier, écrire, courir et jouer au volley-ball.

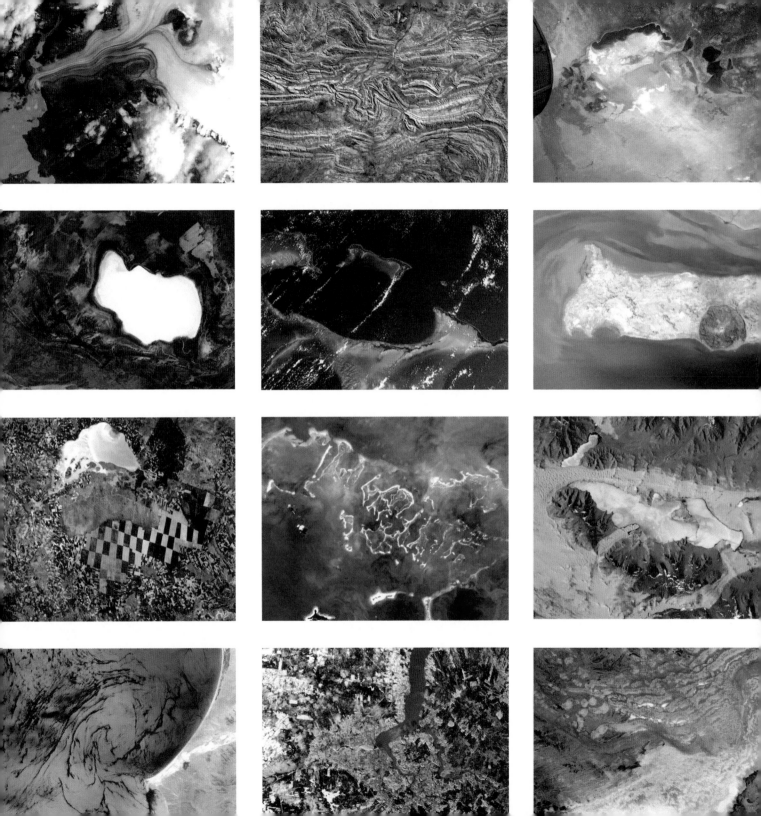

En 1992, Chris fut choisi pour devenir l'un des quatre nouveaux astronautes canadiens. Il était parmi les 5,330 personnes qui voulaient être astronautes. C'est beaucoup de gens! Mais il n'abandonna pas à cause de cela. Il essaya tout de même. Et, il fut choisi.

Crédit Photo: NASA

En 1995, la Russie avait une station spatiale appelée « MIR ». Le colonel Hadfield est allé sur la seconde mission de la navette pour amener de la nourriture, de l'eau et du matériel scientifique aux cosmonautes soviétiques qui vivaient dans l'espace. Il a été le premier Canadien à manœuvrer le *Canadarm* en orbite. Le *Canadarm* est un bras automatisé utilisé pour faire des réparations à l'extérieur de la station.

En 2001, le colonel Hadfield est allé dans l'espace de nouveau. Cette fois-ci, il était sur la navette spatiale *Endeavour*. Il a aidé à la livraison et l'installation du *Canadarm2* à la Station spatiale internationale. Il a effectué deux sorties dans l'espace. Il a été le premier Canadien à quitter un vaisseau spatial et flotter librement dans l'espace.

Chris Hadfield
Crédit Photo: NASA

En 2012, le colonel Hadfield est allé à sa troisième mission dans l'espace. Il a voyagé jusqu'à la Station spatiale internationale. Il fut lancé à bord du petit vaisseau spatial *Soyouz* pour vivre dans l'espace pendant cinq mois. À mi-chemin de la mission, le 13 mars 2013, Chris est devenu le premier Canadien à commander la Station spatiale internationale. Il fut dès lors le commandant Hadfield.

Il y avait beaucoup de choses à faire à la Station spatiale internationale. Parce qu'il n'y a pas de gravitation dans l'espace, plusieurs choses doivent être faites différemment. Tout, incluant l'action de manger, en passant par celle de dormir et de faire le lavage, était différent. Également, parce qu'il n'y a pas de gravitation pour pousser sur les os et les muscles de l'astronaute, ceux-ci peuvent devenir faibles. Les astronautes doivent faire de l'exercice deux heures tous les jours pour rester forts.

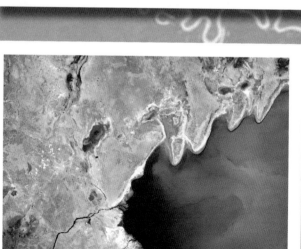

Chris Hadfield
Crédit Photo: NASA

Il y avait des tests à faire, des photos à prendre, des réparations et du maintien à faire à la Station. Même s'il était très occupé, le commandant Hadfield trouvait quand même le temps de donner des entrevues à la télévision, envoyer des messages à la Terre, répondre aux questions, partager les magnifiques photos de l'espace, créer des enregistrements vidéos et même chanter!

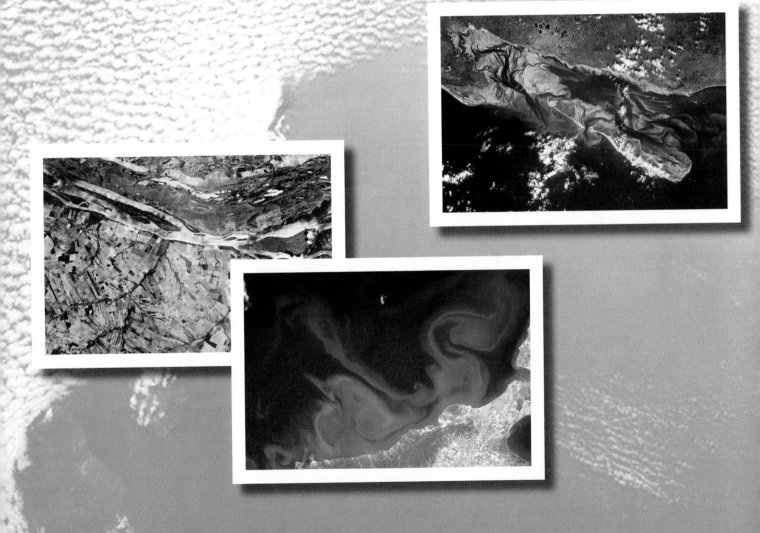

Parce que dans l'espace, la Station spatiale tourne autour du monde, les astronautes à son bord on droit à 16 levers et 16 couchers de soleil par jour. Wow! Imagine quelle embrouille cela peut être.

Le 13 mai 2013, le colonel Hadfield revint sur Terre à bord du vaisseau spatial Soyouz avec Tom Marshburn et Roman Romanenko. Ils devaient être assis côte à côte pour le voyage de retour. Ils ont atterri de façon sécuritaire au Kazakhstan et ont dû être aidés pour sortir de la navette. C'était une sensation très différente que de ressentir la gravitation pour la première fois après cinq mois dans l'espace. Le colonel Hadfield était heureux de pouvoir prendre une douche chaude et de pouvoir manger de la nourriture normale de nouveau.

Crédit Photo: NASA

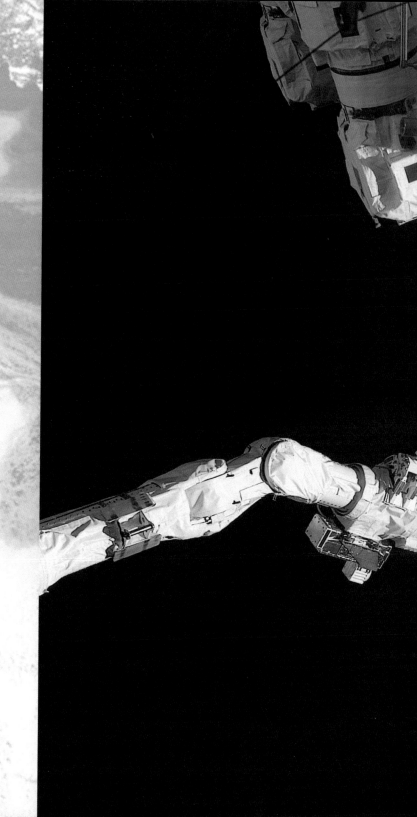

Chris Hadfield s'envola au retour vers le Centre Spatial Johnson. Il a dû passer plusieurs tests pour voir dans quelle mesure être dans l'espace avait changé son corps. Il a dû récupérer et faire des exercices spécifiques pour redevenir fort et se réhabituer à la gravitation. C'était un dur travail, mais Chris n'était toujours pas effrayé par le dur travail.

Credit Photo: NASA

Quand Chris était petit garçon, il a eu une idée qu'il voulait être un astronaute et explorer l'espace. Ce n'est pas tout le monde qui peut devenir astronaute. Et ce n'est pas tout le monde qui veut devenir astronaute. Peut-être veux-tu être dentiste; ou, peut-être un promeneur de chiens. Ou peut-être veux-tu être le dentiste du promeneur de chien. Cela n'a pas d'importance ce que tu veux être. Si tu veux réellement faire quelque chose et tu travailles dur, cela peut bien arriver.

Mais rappelle-toi, tu ne pourras jamais envoyer des cartes postales de l'espace. *C'est fou!*

Note:

Alors qu'il commandait la Station spatiale internationale, l'astronaute canadien Chris Hadfield a pris de notre planète des milliers d'images à couper le souffle. Il a été assez aimable de les partager avec le monde en utilisant les médias sociaux. Ses « cartes postales » de l'espace étaient spectaculaires et très appréciées par des milliers d'usagers. Ce livre, non seulement raconte son histoire, mais révèle une partie de sa collection impressionnante.

À propos de l'auteur:

Heather Down aime écrire à propos de tout ce qui est Canadien. Elle a écrit une nouvelle pour jeunes adultes intitulée *A Deadly Distance* et un livre, illustré par John Larter, intitulé *Charity's Chirp*. Dans ses temps libres, Heather aime lire, écrire, la photographie et courir de longues distances.